Contempler le Cœur du Christ

Imprimatur : Jean-Marie Huet, vicaire épiscopal, le 25 mars 1999.

Dépôt légal : D/1999/4323/06

ISBN 2-87356-170-X

Illustration de couverture : *Christ en croix,* Jean Sonnet.

Daniel Dideberg, s.j.

Contempler le Cœur du Christ

fidélité
1999

A la mémoire
de Paul FESTETICS de TOLNA (†1982)
et d'Annie FLAMBARD (†1989)

«O mon Dieu, vous m'avez blessé d'amour
Et la blessure est encore vibrante
O mon Dieu, vous m'avez blessé d'amour»

P. VERLAINE, Sagesse II, 1

« Ils regarderont
Celui qu'ils ont transpercé »

Pourquoi contempler le Cœur du Christ transpercé ? Ne suffirait-il pas de considérer comme saint Paul, son amour pour nous : «Il m'a aimé et s'est livré pour moi» (Ga *2*, 20) ? Peut-être éviterait-on ainsi l'excès d'imagerie et de sentimentalisme qui entoure la représentation d'un cœur blessé ?

Dans l'Ecriture Sainte, le *cœur* ne désigne pas seulement un organe physique ni le symbole de l'amour humain. Il exprime la personne humaine, son être unique, le centre et la source intime d'où jaillissent ses pensées autant que ses sentiments, sa liberté et le don d'elle-même : «(le) mystère de l'homme s'exprime... par le mot *cœur.*[1]»

La dévotion au Cœur transpercé du Christ renvoie à la personne même de Dieu fait homme, mort librement, par amour pour nous. Il ne s'agit pas d'une dévotion particulière, secondaire. Elle vise l'essentiel de la vie chrétienne : l'amour de Dieu fait homme jusqu'à mourir crucifié, le Cœur ouvert. Et elle nous pose une question : quelle réponse donner au Christ qui nous a aimés ainsi ? Dans quelle réciprocité d'amour entrer ?

Plusieurs chemins conduisent à la découverte du Cœur du Christ et de son mystère.

Dans cet ouvrage, j'ai choisi de commenter quelques pages de l'Ecriture Sainte, tout particulièrement celles rédigées par saint Jean. Dans la Tradition de l'Eglise, «le disciple que Jésus aimait» (Jn *13*, 25; *19*, 26; *20*, 2; *21*, 2.10) demeure le témoin par excellence du Cœur du Christ transpercé sur la Croix par la lance du soldat romain. C'est dans cet événement pascal que s'enracine la contemplation séculaire des fidèles : «Ils regarderont Celui qu'ils ont transpercé» (Jn *19*, 37). De plus, saint Jean est l'évangéliste du Cœur de Jésus.

Dans la première partie de son Evangile (ch. 1 à 12) où le Christ se manifeste au monde, saint Jean relate au chapitre 7 la promesse de l'eau vive faite par lui à Jérusalem lors de la fête des Tentes. Annoncée par l'Ancien Testament, cette promesse du don de l'Esprit Saint sera accomplie par le Christ sur la Croix, lorsque de son Côté ouvert jailliront le sang et l'eau (Jn *19*, 34).

La seconde partie de l'Evangile johannique (ch. 13 à 21) est centrée sur le mystère de la Pâque (*13*, 1) : le Christ se révèle à ses amis. Au chapitre 19, nous lisons l'épisode du Côté transpercé du Crucifié au Golgotha et le témoignage de Jean, le disciple bien-aimé, à ses lecteurs afin qu'ils croient eux aussi. Au chapitre 20, le Seigneur ressuscité apparaît à ses disciples réunis au Cénacle : en regardant, sans même les toucher, ses plaies et son Côté, Thomas, l'apôtre incrédule, devient croyant.

Aux deux extrémités de cette seconde partie (ch. 13 et 21) figure, sous forme d'inclusion, un épisode identique, l'épisode du disciple bien-aimé qui, à la dernière Cène, s'est penché sur la poitrine du Maître et fut le confident de son amour «extrême» (*13*, 1) pour Judas, l'ami qui allait le trahir. Ce n'est pas sans raison que, déjà au IIIe siècle, Origène, le grand exégète d'Alexandrie, a osé affirmer que «nul ne peut saisir le sens (de l'Evangile de Jean) s'il ne s'est pas renversé sur la poitrine de Jésus et n'a pas reçu de Jésus Marie pour Mère»[2].

Paradoxalement, aucun de ces passages de saint Jean, même Jn *19*, 34, ne mentionnent le mot «cœur». C'est, petit à petit, au fil des siècles, que la contemplation de l'Eglise a atteint, à travers les diverses expressions johanniques[3], le Cœur même de Jésus.

Mais avant de scruter ces textes de saint Jean, j'en présenterai deux autres : le passage de saint Matthieu où se révèle le Christ «doux et humble de cœur» (Mt *11*, 29) – le seul endroit du Nouveau Testament où il est parlé explicitement de son Cœur – et la parabole de saint Luc sur la brebis perdue (Lc *15*, 3-7) : la liturgie de l'Eglise offre ces deux évangiles, ainsi que Jn *19*, 31-37, pour célébrer la fête du Sacré-Cœur. D'ailleurs, tout épisode évangélique centré sur le Christ exprime le mystère de son Cœur, même si le mot n'y figure pas expressément, tant il est vrai que, selon le mot de Saint Augustin, «son Cœur, ce sont ses Ecritures qui contiennent son dessein à Lui»[4]. Ce qui signifie «qu'aussi différents que soient les livres qui la composent, l'Ecriture est *une* en raison de l'unité de dessein de Dieu, dont le Christ Jésus est le centre et le *cœur*, ouvert depuis sa Pâque»[5].

Comme l'affirme saint Grégoire le Grand (†604), «l'Ecriture croît avec celui qui la lit»[6] et la prie. Chemin faisant, mon intelligence de l'Ecriture Sainte s'est enrichie de ce que la Tradition de l'Eglise a approfondi au long de son histoire. J'en cite quelques témoins marquants. Le choix était difficile tant la matière est riche et abondante. Il peut paraître partial. Le lecteur en jugera lui-même.

Parmi les trésors de la Tradition ecclésiale, j'ai recueilli l'ancienne prière de l'*Anima Christi* qui a été mise en tête des *Exercices Spirituels* de saint Ignace de Loyola. Au texte, j'ai joint le commentaire qu'un ami, le Père Jean-Marie Hennaux s.j., a écrit et m'a permis de publier dans cet ouvrage. Cette prière accompagne le retraitant tout au long des *Exercices* : elle situe, pour ainsi dire, le point focal de la contemplation évangélique à l'instant du transpercement du cœur du crucifié (Jn *19*, 34). Aussi ai-je placé cette prière et son explication après le commentaire de Jn *19*, 31-37.

Quelques illustrations ont trouvé place çà et là dans ce livre. Elles ne sont pas un simple ornement pour agrémenter la lecture de ces pages. Elles offrent au regard contemplatif du lecteur une autre voie que les textes pour pénétrer le mystère du Cœur de Jésus. Ici aussi un choix s'imposait, souvent délicat.

Découvrir le Cœur du Christ, le contempler, est une grâce à demander et à recevoir. «Il ne s'agit pas de forcer les choses, ni de rien commander en une matière au centre de laquelle il y a l'amour»[7]. Au cours de plusieurs retraites que j'accompagnais, je fus le témoin silencieux et émerveillé de l'œuvre de la grâce divine dans un cœur humain. Voici, à ce propos, un témoignage reçu parmi d'autres :

> *«Tu m'as séduite, Seigneur, et je me suis laissée séduire.*
>
> *C'est près du Cœur de Jésus qu'après une période difficile et perturbée de ma vie, j'ai trouvé la guérison. J'étais au bord du désespoir, face à un trou noir qui m'attirait, lorsqu'aidée par la prière et l'affectueuse présence d'autres, j'ai demandé à Jésus la guérison. Et c'est en le contemplant sur sa croix qu'un jour, j'ai fait l'expérience quasi physique que l'eau qui coulait du côté du Seigneur venait sur moi, m'inondait et me guérissait de toute blessure. Je la voyais, je la sentais comme un torrent qui emportait en lui tout le poison infect et la souillure du péché. Au bout de quelques années, cette expérience reste en moi aussi forte que si cela était aujourd'hui.*
>
> *A partir de ce jour, j'ai recommencé d'espérer. Mais ce n'était pas fini. J'ai fait l'expérience de prière des* Exercices *de saint Ignace. J'y ai découvert que le lieu de ma guérison était aussi le lieu du pardon et que près*

du Cœur ouvert du Christ, il m'était donné de pardonner concrètement et je l'ai montré par des gestes à ceux qui m'avaient blessée. A chaque moment difficile, je regardais Jésus et son côté ouvert et il me semblait qu'Il me demandait de recueillir et de boire l'eau et le sang qui coulaient de son côté. A partir de ces heures, l'adoration eucharistique devint un besoin pour moi. A la suite de ce chemin, je décidai de faire l'offrande de ma vie à Jésus, à son Cœur, lui demandant de trouver près de lui le repos mais aussi de pouvoir faire de mon propre cœur le lieu de son repos.

C'est à Paray-le-Monial, au cours d'une adoration nocturne que l'amour de Jésus comme un feu, comme un torrent, m'emporta. J'étais submergée par son amour, emportée, et je faisais l'expérience que l'eau mais aussi le sang coulant de son côté m'envahissaient, me submergeaient, m'emportaient.

Ma nature inquiète restait toujours là, mais chaque difficulté, chaque souci était pour moi l'occasion de tout mettre dans le Cœur de Jésus et d'avancer.

Et voilà que de nouveau, Jésus vient d'intervenir dans ma vie. Il m'a donné, comme à Jean, non seulement de reposer sur son Cœur, mais de faire que son Cœur prenne la place du mien, c'est-à-dire devienne mien. «Nous ferons chez lui notre demeure.» C'est une expérience très forte et très pacifiante. Découvrir à travers ce Cœur ouvert de Jésus que là est le lieu de mon repos, de ma vie, la source de toute mon action. Il a dit : «Venez à moi, vous tous qui peinez et ployez sous le fardeau et je vous soulagerai. Vous trouverez le repos pour vos âmes, car Je suis doux et humble de cœur.»

C'est près du Cœur ouvert de Jésus que m'a été donnée une vraie fécondité spirituelle, la seule que nous pouvons demander et recevoir de Lui par pure grâce.

Boire au côté du Christ et reposer en lui, le laisser faire en nous sa demeure. Son Cœur, mon cœur.

«Prends et reçois, Seigneur, toute ma liberté.»

«Sang du Christ, enivre-moi,
Eau du Côté du Christ, lave-moi...»[8]

Puisse le lecteur de cet ouvrage recevoir de Dieu cette grâce du Cœur de Jésus ou, s'il l'a déjà reçue, la voir se développer. C'est mon plus vif souhait et l'objet de ma prière. Pour ma part, en écrivant ces pages, j'ai voulu m'acquitter de la «tâche très douce» (*Munus suavissimum*) que la Compagnie de Jésus a reçue – il y a plus de trois cents ans – à Paray-le-Monial[9] : diffuser une authentique dévotion au Cœur du Christ.

> *«Tous (les jésuites) estimeront grandement et entretiendront dans leur cœur le mystère du Cœur du Christ dans la vie de l'Eglise, et ils l'expérimenteront en eux de manière à le promouvoir chez les autres dans toute activité apostolique, accomplissant* la tâche très douce *confiée par le Christ notre Seigneur à la Compagnie, pour que s'accroisse ainsi de jour en jour le fruit de nos divers ministères.»*[10]

1

« Venez à moi, vous tous… »

Matthieu *11*, 25-30

25 En ce temps-là, Jésus prit la parole :
«Père, Seigneur du ciel et de la terre,
je proclame ta louange :
ce que tu as caché aux sages et aux savants,
tu l'as révélé aux tout-petits.
26 Oui, Père, tu l'as voulu ainsi dans ta bonté.
27 Tout m'a été confié par mon Père;
personne ne connaît le Fils, sinon le Père,
et personne ne connaît le Père, sinon le Fils,
et celui à qui le Fils veut le révéler.

28 Venez à moi,
vous tous qui peinez sous le poids du fardeau,
et moi, je vous procurerai le repos.
29 Prenez sur vous mon joug,
devenez mes disciples,
car je suis doux et humble de cœur,
et vous trouverez le repos.
30 Oui, mon joug est facile à porter,
et mon fardeau, léger.»

Ce passage de l'Evangile de saint Matthieu exprime deux dimensions du Cœur du Christ. D'une part, il est tourné vers le Père dans une prière de louange. D'autre part, il adresse aux hommes un cri de compassion.

Le Christ s'adresse d'abord au Père et proclame sa louange. Et cela pour deux motifs.

«Personne ne connaît le Fils, sinon le Père, et personne ne connaît le Père, sinon le Fils, et celui à qui le Fils veut le révéler» (*11*, 27). Dans la Bible, le terme «connaître» n'évoque pas un savoir mais une communion vitale, une relation intime et réciproque. Le Père a tout remis au Fils et celui-ci ne garde rien en propre mais ce qu'il a, ce qu'il est, il le communique aux hommes. Par lui, nous sommes introduits dans l'intimité qui unit le Père et le Fils.

Autre raison pour le Christ de louer le Père : la révélation de Dieu est faite non pas à ceux qui se fient à leur sagesse et à leur science, mais aux tout-petits, aux fragiles et aux faibles, aux sans voix. Dans sa bonté, le Père prend soin des petits : voilà le secret qui échappe aux sages et aux savants de ce monde.

Nous-mêmes, nous pouvons prolonger la louange de Jésus au Père : «Père, je te bénis. Tu t'es fait connaître à moi par ton Fils bien-aimé. Tu es mon Père. Je suis tout petit devant toi comme un enfant.»

Après s'être tourné vers le Père dans la louange, le Christ exprime sa compassion à ceux qui peinent sous le poids du fardeau. Qui d'entre nous ne porte pas un fardeau ?

Tournons notre cœur vers le Seigneur et écoutons sa promesse : «Je vous procurerai le repos... Vous trouverez le repos» (*11*, 28-29). Il soigne l'homme tout entier, il est le médecin des corps et des âmes. Quand nous peinons sous le poids d'un fardeau, nous souvenons-nous de cette promesse du Seigneur ? Est-ce que nous nous tournons vers Lui ?

La promesse du Seigneur se réalise à une double condition.

La première : «Venez à moi, vous tous qui peinez sous le poids du fardeau (*11*, 28). Il s'agit d'une invitation générale : «Venez à moi *tous*.» Il n'y a aucune distinction entre jeunes et vieux, riches et pauvres, croyants et non-croyants, justes et pécheurs. Tout le monde! Une seule catégorie de personnes est exclue : ceux qui ne sont pas fatigués ni accablés, ceux qui croient se suffire à eux-mêmes. Mais ce n'est que le premier pas. Jésus dit : «Venez à moi.» Répondre à l'appel de Jésus, c'est sortir de soi-même, abandonner ses soucis. Venir à lui, c'est emprunter le chemin de la foi.

Deuxième condition : «Prenez sur vous mon joug, devenez mes disciples» (*11*, 29). «Mon joug» ne veut pas dire le joug que donne Jésus, mais le joug qu'il porte, celui de l'obéissance filiale. Nous devons devenir «con-joints de Jésus», porter le joug avec Jésus. Alors la demande de Jésus apparaît beaucoup plus profonde que l'on n'aurait pu le croire au premier abord. «Prendre son joug», c'est se laisser conduire par Lui, vivre sous sa dépendance, en un mot, «devenir ses disciples». Il s'agit là d'une véritable conversion. Et nous, ne nous arrive-t-il pas de préférer porter notre propre fardeau, par nos propres forces, plutôt que de vivre sous le joug du Christ, sous sa dépendance ?

Si nous répondons à l'invitation du Christ de venir à Lui, de prendre son joug et de devenir ses disciples, nous ferons une double découverte.

La première : notre Maître est «doux et humble de cœur» (*11*, 29). C'est l'unique fois dont il est question du Cœur de Jésus dans l'Ecriture Sainte.

Dans l'*Introduction à la vie dévote*, saint François de Sales (†1622) parle avec amour de «ces deux chères et bien aimées vertus qui reluisaient en la personne de Notre Seigneur, lesquelles il nous a singulièrement recommandées, comme si par icelles notre cœur doit être spécialement consacré à son service et appliqué à son imitation : «Apprenez de moi, dit-il, que je suis doux et humble de cœur». L'humilité nous perfectionne envers Dieu et la douceur envers le prochain.»[11]

Cet exemple et cette parole du Maître, il ne cessera de les répéter à ses correspondants. Ainsi, à une dame qui voulait se mettre sous sa direction : «Souvenez-vous de la leçon principale, laquelle (Notre Seigneur) nous a laissée en trois mots, afin que nous ne l'oubliions jamais et que cent fois le jour nous la puissions répéter : "Apprenez de moi que je suis doux et humble de cœur." C'est tout, en somme, d'avoir le cœur doux à l'endroit du prochain et humble à l'endroit de son Dieu.»[12]

Pour sainte Thérèse de Lisieux (†1897), ce passage de saint Matthieu est également capital : il résume l'esprit de l'Evangile. «Pour moi, je ne trouve plus rien dans les livres, si ce n'est dans l'Evangile. Ce livre-là me suffit. J'écoute avec délices cette parole de Jésus qui me dit tout ce que j'ai à faire : «Apprenez de moi que je suis doux et humble de cœur»; alors j'ai la paix, selon sa douce promesse : "...et vous trouverez le repos de vos âmes."»[13]

Seconde découverte : «Oui, son joug est facile à porter, et son fardeau, léger.»

Prendre le joug du Christ, devenir son disciple, voilà qui produit l'effet contraire de ce à quoi nous nous attendions. La fatigue devient repos, le joug se change en douceur, le poids en soulagement. Comment cela peut-il se faire ? Le Christ porte tout avec nous. Mieux encore, il nous porte, comme l'affirme le poète brésilien, Ademar de Barros :

«J'ai fait un rêve, la nuit de Noël.
Je cheminais sur la plage, côte à côte avec le Seigneur.
Nos pas se dessinaient sur le sable,
laissant une double empreinte, la mienne et celle du Seigneur.

L'idée me vint – c'est en songe –
que chacun de mes pas représentait un jour de ma vie.

Je me suis arrêté pour regarder en arrière.
J'ai vu toutes ces traces qui se perdaient au loin.
Mais je remarquai qu'en certains endroits
au lieu de deux empreintes, il n'y en avait plus qu'une.

J'ai revu le film de ma vie.
O surprise!
Les lieux à l'empreinte unique correspondaient aux jours
les plus sombres de mon existence.

Jours d'angoisse ou de mauvais vouloir;
jours d'égoïsme ou de mauvaise humeur;
jours d'épreuve et de doute
jours intenables…
jours où moi aussi, j'avais été intenable.

Alors, me tournant vers le Seigneur,
j'osai lui faire des reproches :

«Tu nous as pourtant promis d'être avec nous tous les jours!
Pourquoi n'as-tu pas tenu ta promesse ?
Pourquoi m'avoir laissé seul aux pires moments de ma vie ?
Aux jours où j'avais le plus besoin de ta présence ?»
Mais le Seigneur m'a répondu :
«Mon ami, les jours où tu ne vois qu'une trace de pas sur le sable,
ce sont les jours où je t'ai porté.»

A la fin de cette méditation, nous pouvons adresser au Christ cette prière : «Seigneur, je viens à toi, je dépose devant toi mes fardeaux. Je veux prendre ton joug et devenir ton disciple. Tu es doux et humble de cœur. Conduis-moi dans l'humilité et la douceur. Ton joug est facile à porter, et ton fardeau, léger. Merci, Seigneur.»

«Faites, s'il vous plaît, mon adorable Rédempteur, faites que mon cœur soit semblable au vôtre…

Votre Cœur est tout amour… Que le mien soit tout amour…

Que votre Cœur, ô mon Jésus, possède entièrement le mien. Que le mien, ô mon Jésus, soit tout fondu dans le vôtre…

Ce n'est plus mon cœur, c'est le vôtre. Il est à vous : ouvrez-le, fermez-le, purifiez-le, embrasez-le. Il est à vous. Oui, mon Jésus, il est à vous. Hélas! il ne l'a pas toujours été; mais il l'est à présent par votre grâce, et il le sera, s'il vous plaît, à jamais, Cœur de Jésus, Amour de Jésus.»[14]

2

« La centième brebis »

Luc *15*, 3-7

3 Jésus disait cette parabole :
4 «Si l'un de vous a cent brebis et en perd une,
ne laisse-t-il pas les quatre-vingt-dix-neuf autres
dans le désert
pour aller chercher celle qui est perdue,
jusqu'à ce qu'il la retrouve ?
5 Quand il l'a retrouvée,
tout joyeux, il la prend sur ses épaules,
6 et, de retour chez lui, il réunit ses amis et ses
voisins;
il leur dit :
"Réjouissez-vous avec moi,
car j'ai retrouvé ma brebis,
celle qui était perdue!"
7 Je vous le dis :
C'est ainsi qu'il y aura de la joie dans le ciel
pour un seul pécheur qui se convertit,
plus que pour quatre-vingt-dix-neuf justes
qui n'ont pas besoin de conversion.»

Cet Evangile que l'Eglise nous propose pour la fête du Sacré-Cœur de Jésus ne parle pas de son Cœur. Alors, comment l'y découvrir ? Pour résoudre cette question, laissez-moi vous raconter une histoire, celle de Martin. Ce petit garçon m'avait demandé de le préparer à sa Première Communion. Pour l'Eucharistie, il avait choisi comme Evangile, le passage que nous allons méditer : la parabole de la brebis perdue. Le jour de la fête étant arrivé, il me montra un beau dessin. A l'arrière-plan, se trouvaient les quatre-vingt-dix-neuf brebis; à l'avant-plan, Jésus portait joyeusement sur ses épaules la brebis retrouvée. Au centre de sa poitrine, se détachait son Cœur. Faisant l'avocat du diable, je dis à Martin : «Mais dans l'évangile que tu as choisi, il n'est pas question du Cœur de Jésus.» Il me rétorqua vivement : «Toi, tu n'as rien compris à l'évangile!.»

Même quand l'évangile ne parle pas explicitement du Cœur du Christ, s'il est question de Jésus, son Cœur est toujours présent. *«On ne voit bien qu'avec le cœur.»* Pareillement, on ne comprend l'évangile qu'à partir du Cœur du Christ, c'est-à-dire à partir de ce que Jésus est au plus profond de lui-même, amour qui se donne en personne.

Dans l'Evangile, apparaît la figure du Bon Berger, si importante dans la Bible comme dans la tradition chrétienne, pour comprendre la relation de Dieu avec son peuple. Dans les catacombes romaines, par exemple, le Christ fut représenté très tôt sous les traits du berger.

La parabole de saint Luc fait allusion au chapitre 34 du livre du prophète Ezéchiel.

Dans ce passage, le prophète dénonce d'abord l'attitude des mauvais bergers vis-à-vis du troupeau qui leur est confié.

Ils sont plus préoccupés d'eux-mêmes que de leur troupeau. C'est pourquoi le troupeau est éparpillé, dispersé.

Le prophète annonce ensuite l'intervention de Dieu pour châtier les mauvais bergers et sauver son troupeau. «Maintenant, dit Dieu, j'irai moi-même à la recherche de mes brebis, je les rassemblerai puisqu'elles sont dispersées, je veillerai sur elles. Je mènerai paître le troupeau dans de gras pâturages. C'est moi qui le ferai reposer dans de belles prairies» (v. 11 et ss).

Enfin, le prophète montre comment Dieu prend le contrepied des mauvais bergers. Eux, s'intéressent aux brebis grasses pour les manger. Lui, avec prédilection, prend soin de la brebis perdue, égarée, blessée, faible : «La brebis perdue, je la chercherai. L'égarée, je la ramènerai. Celle qui est blessée, je la soignerai. Celle qui est faible, je lui rendrai des forces» (v. 16).

En bref, sur quoi insiste le prophète Ezéchiel ? A l'opposé des mauvais bergers, Dieu prend soin de son troupeau. Il a un amour préférentiel pour la brebis perdue, égarée, blessée, faible. Sommes-nous convaincus que Dieu s'occupe de chacun de nous ? Sommes-nous convaincus qu'il a une prédilection pour tous ceux qui sont égarés, malades, fragiles ?

Cette sollicitude de Dieu dont nous parle le prophète Ezéchiel, nous la retrouvons dans la parabole de l'évangile de Luc qui s'inspire visiblement du texte de l'Ancien Testament. Dans cette parabole, il s'agit aussi de retrouver la brebis perdue.

Mais l'évangile souligne deux traits nouveaux du berger qui est Dieu.

Pour rechercher une brebis égarée, il abandonne les quatre-vingt-dix-neuf autres... Quelle stratégie pastorale! Ce trait révèle que pour Dieu, chaque brebis a du prix, qu'elle est unique à ses yeux.

L'évangile nous montre aussi la joie de Dieu qui a retrouvé la brebis perdue : «Quand il l'a retrouvée, tout joyeux, il la prend sur ses épaules.» De plus, cette joie se communique de proche en proche : «De retour chez lui, il réunit ses amis et ses voisins, il leur dit : "Réjouissez-vous avec moi, car j'ai retrouvé ma brebis, celle qui était perdue."» (vv. 5-6).

Il nous est difficile de croire que nous sommes uniques aux yeux de Dieu, que nous avons du prix pour Lui. Pour nous retrouver, Dieu accepte de laisser de côté le reste du troupeau. Et croyons-nous à la joie débordante de Dieu lorsqu'Il nous retrouve après nous avoir longuement cherchés ?

Notre Dieu est un Dieu d'amour et de miséricorde. Notre foi et notre confiance en lui s'expriment dans cette relation intime qu'est la prière.

Nous connaissons l'admirable psaume 23 : «Le Seigneur est mon berger, je ne manque de rien...» Pouvons-nous redire chacun, en toute circonstance, les premières paroles du psaume ? C'est un acte de foi et de confiance.

Pour le psalmiste, le Seigneur est d'abord le berger plein de sollicitude qui conduit sa brebis sur les prés d'herbes fraîches et vers des eaux tranquilles pour lui redonner des forces et lui procurer le repos.

Il est aussi le guide sûr qui accompagne sa brebis sur les chemins de la vie et même à travers les ravins de la mort.

Enfin, le Seigneur est l'hôte attentif qui accueille sa brebis à la table du festin en répandant le parfum sur sa tête, marque de faveur réservée à un hôte particulièrement cher.

Vraiment nous pouvons dire : «Le Seigneur est mon berger, je ne manque de rien.» Jamais nous n'épuiserons les richesses de ce psaume. L'écrivain Julien Green (†1998) aimait beaucoup le prier. «Ces phrases si simples, ces phrases d'enfants se logèrent sans difficulté dans ma mémoire. Je voyais un berger, je voyais la vallée de l'ombre de la mort, je voyais la table dressée. C'était l'Evangile en petit. Que de fois, dans les heures d'angoisse, je me suis souvenu de la houlette réconfortante qui écarte le danger. Chaque jour, je récitais ce petit poème prophétique, dont je n'épuiserai jamais les richesses.»[15]

Notre Dieu est un Dieu d'amour et de miséricorde. Cette conviction habite-t-elle vraiment notre prière lorsque nous nous adressons à Dieu, pas seulement pour nous-mêmes mais aussi pour les autres ? Nous prions pour telle personne, pour telle famille, c'est bien; mais sommes-nous convaincus que c'est d'abord Dieu qui prend soin de cette personne, qu'il se met à sa recherche, surtout si elle est égarée, blessée ou malade ? C'est Dieu qui est le berger de son peuple. Au milieu de notre angoisse et de notre détresse, pressentons-nous quelque chose de cette joie de Dieu qui retrouve sa brebis égarée et la ramène avec douceur sur ses épaules ?

Si notre prière nous fait sortir de notre désarroi, de notre souffrance, et découvrir l'amour et la miséricorde de Dieu pour ceux que nous portons dans notre prière, alors un changement s'opère dans notre cœur, une véritable conversion. La foi et la confiance en Dieu, notre sauveur, grandissent et laissent Dieu agir, selon son dessein d'amour, dans la vie de ceux que nous lui abandonnons dans la prière.

Prenons le chemin de la foi et de la confiance : notre Dieu est un Dieu d'amour et de miséricorde. Voilà ce qu'il a été donné à la «centième brebis» de comprendre auprès du Cœur du Christ doux et humble.

La centième brebis, Seigneur, ce n'est pas l'âme
qui tombe épuisée,
ce n'est pas comme la chèvre capricieuse

l'en allée au souffle de l'indépendance qui grise la centième :
c'était la plus triste du bercail, la moins belle,
celle qui désespère.
Elle commença par traîner derrière le troupeau,
étrangère déjà au bruit des petites pattes fraternelles
et s'écartant dans la poussière.
Le chien tout à son maître l'avait parfois mordue
sans la comprendre
et le maître lui-même l'avait frappée de sa houlette,
et ce coup-là très doux lui avait fait très mal.
Un jour, elle prépara sa fuite au détour
d'un chemin de campagne bordé de haies.
Elle se trouva libre pour aller toute seule vers la mort.
Pendant un moment elle songea au bercail bien gardé,
le soir, dans un enclos,
dans la chaleur mutuelle des laines sales.
Elle s'en éloigna.
Elle entendit son nom sur les lèvres du berger
dont la voix pour elle s'était faite plus sévère depuis quelque temps.
Elle en étouffa l'écho.
Maintenant elle était vraiment seule, sans souffrance,
sans jalousie, simplement abandonnée;
Et le soir tomba.
Elle s'endormit de chagrin et de tristesse,
du sommeil inévitable et agité du jardin de l'agonie
au creux d'un buisson, sur la pierre.
Un bruit de branches écartées la réveille, elle se sentit soulevée
Et reconnut, sans ouvrir les yeux, la bonne odeur coutumière
des mains de son maître venu pour elle toute seule;
elle reconnut la chaleur de son cou.
La centième brebis, Seigneur, c'est l'âme qui désespère.[16]

3

« Abreuve-toi auprès du Christ »

IC XC
JESV
CONFIDO
TIBI

Jean *7*, 37-39

37 C'était le jour solennel où se terminait la fête des
Tentes.
Jésus, debout dans le temple de Jérusalem,
s'écria :
«Si quelqu'un a soif, qu'il vienne à moi!
38 et qu'il boive, celui qui croit en moi!
Comme dit l'Ecriture :
Des fleuves d'eau vive
jailliront de son sein.»
39 En disant cela, il parlait de l'Esprit Saint,
l'Esprit que devaient recevoir
ceux qui croiraient en Jésus.
En effet, l'Esprit Saint n'avait pas encore été
donné,
parce que Jésus n'avait pas encore été glorifié par
le Père.

Tiré de la première partie de l'Evangile de Jean (ch. 1 à 12), l'épisode que relate Jn *7*, 37-39 se déroule à Jérusalem, dans le Temple, le dernier jour de la fête des Tentes.

Cette fête est chargée d'une riche signification. Elle fut d'abord la fête des récoltes à la fin de l'automne. Le peuple rendait grâce pour la récolte de l'année et demandait la pluie pour la saison suivante.

Au temps de Jésus, à l'occasion de cette fête, l'on se rendait en procession à la fontaine de Siloë. Le Grand Prêtre puisait de l'eau dans une coupe d'or et montait jusqu'à l'autel du Temple pour répandre l'eau et demander la pluie pour la saison prochaine. Les participants agitaient leurs bouquets de feuillage et chantaient le cantique d'Isaïe : «Vous puiserez de l'eau avec joie aux sources du salut» (*12*, 3).

Avec le temps, cette fête commémora les quarante années passées par Israël au désert. Durant les sept jours de la fête, les Juifs s'abritaient dans des cabanes de feuilles qui rappelaient les tentes de leurs ancêtres nomades. D'où le nom de «la fête des Tentes».

Le peuple y célébrait le souvenir des merveilles que Dieu avait accomplies pour Israël au désert. Une de ces merveilles était l'eau que Moïse, sur l'ordre de Dieu, avait fait jaillir du rocher pour étancher la soif d'Israël. Cet épisode est relaté au livre de l'Exode (*17*, 1-17). Au désert, l'eau vint à manquer. Pour le peuple, c'était une question de vie ou de mort. Eprouvé, tenté, le peuple se révolta contre Moïse : «Donne-nous à boire! Est-ce pour nous faire mourir de soif au désert que tu nous as fait sortir d'Egypte ?» Moïse se tourna alors vers Dieu et lui demanda : «Que faire ?» Dieu ordonna à Moïse de prendre son bâton et de frapper le rocher. Merveille! L'eau jaillit et le peuple pouvait étancher sa soif.

Cette fête annonçait enfin les bénédictions de l'âge messianique à venir. Rappelons, par exemple, la vision du prophète Ezéchiel (*47*, 1-12). Le prophète voit une source jaillir du côté droit du Temple vers l'orient et s'enfler en cours d'eau, puis en torrent, puis en fleuve infranchissable. Ce torrent suscite la vie partout où il passe. Il assainit et féconde la Mer Morte qui est un lac salé. Désormais, des poissons peuvent y vivre et sur ses rives s'installent des pêcheurs avec des filets pour leur travail. Ce torrent rend aussi fertile le désert. Sur ses rives poussent des arbres, leurs fruits sont, pour l'homme, une nourriture et leurs feuilles un remède. Ainsi le désert redevient paradis, un jardin planté d'arbres et arrosé par un fleuve d'eau vive.

«Ce jour-là, Jésus se tint debout et s'écria...» rapporte le disciple bien-aimé.

Ce jour, c'est aujourd'hui. Jésus se tient debout et il crie; l'Evangile souligne, en effet, qu'il élève la voix. Ce n'est pas le ton de l'entretien nocturne et secret avec Nicodème, ni celui du dialogue avec la Samaritaine à l'écart de la foule.

Jésus parle à tous d'une chose qui lui tient à cœur, qui lui vient du cœur : l'Esprit Saint qui, sur la Croix, va jaillir comme l'eau de son côté transpercé (Jn *19*, 31-37). L'Esprit qu'il a communiqué sur la Croix, il le donne encore aujourd'hui.

Ainsi est accomplie par Jésus la grande promesse de l'Ecriture : «De son sein – de son cœur – couleront des fleuves d'eau vive.» Remarquons l'abondance du don promis par Jésus : des fleuves! Et sa qualité : des fleuves d'eau vive! Nous pouvons nous attendre à un débordement... Lorsqu'il se répand, l'Esprit Saint ne se laisse pas endiguer. Mais cette inondation n'est pas une catastrophe : elle purifie tout ce qu'elle rencontre sur son passage, elle féconde les déserts, elle apporte une vie nouvelle en surabondance.

Lorsqu'il s'adresse ainsi à la foule et à chacun de nous, Jésus, dont le côté sera ouvert, sur la Croix, par la lance du soldat, apparaît comme le Rocher qui, frappé d'un coup de bâton, laisse jaillir l'eau vive pour ceux qui meurent de soif dans le désert de ce monde. Et c'est bien ainsi que saint Paul l'écrit aux chrétiens de Corinthe : «Au désert, nos pères buvaient à un rocher spirituel... : ce rocher était le Christ» (1 Co *10*, 4).

Jésus apparaît aussi comme le Temple nouveau d'où s'écoule le fleuve qui suscite la vie dans les eaux mortes et la terre stérile. Du Corps de Jésus ressuscité d'entre les morts, saint Jean dit qu'il est le Temple nouveau (*2*, 20-22).

Jésus se tient là au milieu de nous et il crie : «Si quelqu'un a soif...»

Mais avons-nous soif ? Quelle soif habite mon cœur ? Soif d'amour, soif de vérité, soif de pardon et de miséricorde, soif de paix... que sais-je ?

Ma soif, comme celle d'Israël au désert, est-elle encore mêlée de murmure, de révolte contre Dieu, quand dans l'épreuve, j'accuse Dieu et lui fais un procès et que je le considère comme responsable de mes malheurs ?

Ou bien mon cœur est-il totalement ouvert à la venue de l'Esprit ? Est-ce que j'accepte, comme l'homme de la vision d'Ezéchiel, d'être progressivement inondé par l'Esprit jusqu'à perdre pied et me laisser porter par le courant de son amour ?

Aujourd'hui, Jésus se tient là au milieu de nous et il crie : «Si quelqu'un a soif, qu'il vienne à moi et qu'il boive, celui qui croit en moi. Selon le mot de l'Ecriture : "De mon cœur, couleront des fleuves d'eau vive."»

Abreuve-toi auprès du Christ,
car il est le Rocher dont les eaux découlent.
Abreuve-toi auprès du Christ,
car il est la Source de la vie. (...)
Abreuve-toi auprès du Christ,
car des fleuves d'eau vive jaillissent de son sein.[17]

Va donc près du Cœur du Christ, bois l'eau vive qu'est l'Esprit Saint, étanche ta soif. Que ton cœur soit enivré de l'Esprit Saint!

Au terme de cette méditation, écoutons encore le témoignage de saint Pierre Canisius (1521-1597). Avant de devenir, au temps de la Contre Réforme catholique, le «second apôtre d'Allemagne», ce jeune jésuite hollandais – il était alors âgé de vingt-huit ans – allait faire profession solennelle à Rome en présence de saint Ignace. Pour s'y préparer, il pria dans la basilique Saint-Pierre devant l'autel du Saint-Sacrement. Là, le Seigneur lui apparut et lui ouvrit son Cœur, source d'une profusion de grâces :

Mon âme était prosternée devant Vous, mon âme affreuse, impure, inerte, souillée par quantité de vices et de passions...

Mais Vous, mon Sauveur, Vous m'avez alors, pour ainsi dire, ouvert le Cœur de votre Corps très saint. J'avais l'impression d'en voir l'intérieur. Vous m'avez dit de boire à cette fontaine, m'invitant à puiser les eaux de mon salut à votre source, ô mon Sauveur.

Pour moi, j'éprouvais un grand désir de voir couler de là dans mon âme, à flots, la foi, l'espérance et la charité. J'étais assoiffé de pauvreté, de chasteté et

> *d'obéissance, et je vous priai de me purifier de la tête aux pieds, et de me couvrir, et de me parer.*
>
> *Puis, j'osai atteindre à votre Cœur, tout rempli de douceur, et y apaiser ma soif; et Vous m'avez promis une robe tissée de paix, d'amour et de persévérance, pour couvrir mon âme dénudée. Avec cette parure de salut, je sentis grandir en moi la confiance que je ne manquerais de rien et que tout se tournerait à votre gloire.*[18]

Plus proche de nous, un autre jésuite, le Père Jean Daniélou (†1974) fut un interprète assidu de Jn *7*, 37-39 et de ses commentaires patristiques. Lors du Centenaire des apparitions de Lourdes, il glissa dans un de ses bréviaires cette note, confidence aussi belle et aussi limpide que le témoignage de son aîné, saint Pierre Canisius :

> *1er janvier 1958. J'ai senti tout le prix de la vie de Dieu, comme un torrent d'eau vive auquel je me suis désaltéré après avoir été longtemps assoiffé. J'ai senti le prix d'une vie innocente et pure, où demeure l'Esprit Saint. Je me suis souvenu de la grotte de Lourdes. J'ai senti que de Marie Immaculée, en cette année de Lourdes, descendait sur moi une grâce de pureté.*[19]

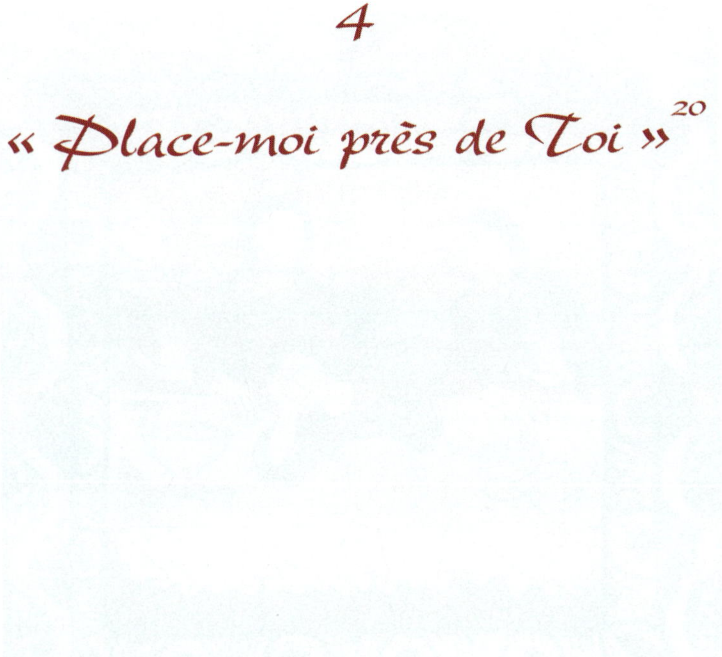

4

« Place-moi près de Toi »[20]

Jean *13*, 21.23-26

Au cours du repas que Jésus prenait avec ses disciples,
21 il fut bouleversé au plus profond de lui-même,
et il attesta : «Amen, amen, je vous le dis :
l'un de vous me livrera.» (...)
23 Comme il y avait à table, tout contre Jésus,
l'un de ses disciples, celui que Jésus aimait,
24 Simon-Pierre lui fait signe de demander à Jésus
de qui il veut parler.
25 Le disciple se penche sur la poitrine de Jésus
et lui dit : «Seigneur, qui est-ce ?»
26 Jésus lui répond :
«C'est celui à qui j'offrirai
la bouchée que je vais tremper dans le plat.»
Il trempe la bouchée,
et la donne à Judas, fils de Simon l'Iscariote.

Jean 21, 20-21

Jésus ressuscité venait d'annoncer à Pierre
par quel genre de mort il rendrait gloire à Dieu.
20 En se retournant, Pierre aperçoit, marchant à leur
suite, le disciple que Jésus aimait.
(C'est lui qui, pendant le repas, s'était penché sur
la poitrine de Jésus pour lui dire :
«Seigneur, quel est celui qui va te livrer ?»)
21 Pierre, voyant ce disciple, dit à Jésus :
«Et lui, Seigneur, que lui arrivera-t-il ?»

Dans la seconde partie de l'Evangile johannique (ch. 13 à 21), le Christ se révèle à ses amis.

La veille de sa Passion, Jésus célèbre la Pâque avec ses disciples. Au cours de ce dernier repas, Jésus annonce la trahison de Judas qui a accepté de sa main la bouchée de pain. L'apôtre Jean fut le témoin de ce drame secret du Cœur de Jésus.

L'intervention du «disciple que Jésus aimait» est reprise, sous la forme d'une inclusion, au deux extrémités de cette seconde partie de l'Evangile.

> 13, *23 «Un de ses disciples, celui que Jésus aimait, se trouvait allongé dans le sein de Jésus».*
>
> *25 «Lui, se renversant sur la poitrine de Jésus, lui demanda : 'Seigneur, qui est (le traître) ?»*
>
> 21, *20 «...le disciple que Jésus aimait..., celui qui, pendant le repas, se renversa sur sa poitrine et lui demanda : "Seigneur, quel est celui qui doit te livrer ?"»*

Ces versets soulignent deux traits caractéristiques de l'apôtre saint Jean.

Il est «le disciple que Jésus aimait». Son existence est déterminée par l'amour prévenant de Jésus : «Ce n'est pas nous qui avons aimé, mais c'est lui qui nous a aimés le premier» (1 Jn *4*, 10). Ce premier trait est d'ailleurs repris à propos de saint Jean dans d'autres passages de la seconde partie de l'Evangile : au pied de la Croix, avec Marie (*19*, 26); lors de la découverte du tombeau vide, avec Pierre (*20*, 2); enfin, lors de la dernière apparition de Jésus ressuscité à Pierre et aux autres disciples (*21*, 7). Les circonstances où revient cette expression «le disciple que Jésus aimait» indiquent, me semble-t-il, les moments privilégiés où saint Jean a pris conscience de l'amour de Jésus pour lui.

A l'époque de Jésus, les convives mangeaient allongés, appuyés sur le coude gauche. La main droite restait libre pour puiser dans le plat commun. L'apôtre Jean «se trouvait allongé dans le sein de Jésus» (*13*, 23), c'est-à-dire dans la courbe formée par le corps de Jésus étendu sur le divan de repas. Pour interroger Jésus, le disciple «s'est renversé sur sa poitrine» (*13*, 25 et *21*, 20). Rien n'indique dans le texte grec que Jean «s'est reposé» sur la poitrine de Jésus. La traduction latine l'a suggéré en rendant «s'allonger» (v. 23) et «se renverser» (v. 25) par le même verbe *recumbere* au sens de «se coucher pour manger», de «se reposer». De ce fait, la différence et la progression des attitudes qu'expriment les deux verbes grecs, ont été supprimées.

Une exégète contemporaine a bien mis en lumière le sens de l'attitude de saint Jean. «"Etre couché sur le sein de Jésus", dit-elle, pourrait signifier simplement la proximité du convive qui, couché à la droite de Jésus, touche sa poitrine lorsqu'il se penche vers lui. Mais l'insistance de l'évangéliste au dernier repas (*13*, 23-25) et le rappel qu'en fait le chapitre 21 montre que ce détail est signifiant dans un ordre plus profond. Ce n'est pas une indication sentimentale. Rien n'est plus éloigné du quatrième Evangile que la mièvrerie qu'on lui a parfois prêtée. Il faut remonter ici à l'arrière-plan juif où des repas d'adieu sont aussi des *testaments*.» Ainsi, «la proximité physique entre Jésus et le disciple qu'il aimait tend à manifester que le disciple pénètre de manière particulière le message de Jésus et qu'il peut en transmettre le sens profond» et «qu'il devient le *témoin* auquel on se réfère»[21].

Très tôt, l'apôtre Jean est appelé «celui qui a été sur la poitrine» du Seigneur. Les Pères de l'Eglise évoquent fréquemment cet épisode de la dernière Cène[22]. Ainsi, par exemple, saint Augustin (†430), dans l'une de ses homélies : «Ecoutez l'apôtre Jean : c'est lui, l'apôtre qui reposait sur la poitrine du Seigneur et qui, en ce repas, buvait les célestes secrets. Sous l'emprise de cette boisson, de cette heureuse ivresse, il proclama : "Au commencement était le Verbe!" (Jn *1*, 1). Humilité sublime! Sobre ivresse! Mais ce grand *ructator*, c'est-à-dire ce grand prédicateur, entre autres secrets qu'il buvait à la poitrine du Seigneur, profère aussi celui-ci : "Nous, nous aimons parce que Lui nous a aimés le premier" (1 Jn *4*, 10).»[23]

Par la suite, d'autres reçurent la grâce de «reposer» sur le Cœur de Jésus et de connaître le mystère de son amour livré.

Ainsi, au XIVe siècle, un 27 décembre, jour de la fête de l'évangéliste saint Jean, le disciple bien-aimé lui-même invite sainte Gertrude, l'illustre cistercienne d'Helfta (†1302), à se reposer sur le Cœur de Jésus et à entendre ses battements : «Viens avec moi, lui dit-il, toi l'élue du Seigneur, et reposons ensemble sur la poitrine du Seigneur, source de toute douceur». «Les très saintes pulsations qui faisaient battre son Cœur divin (me) causaient, avoue sainte Gertrude, une jouissance indicible...» Comme la moniale demandait à l'apôtre pourquoi il avait gardé, dans son évangile, le silence là-dessus, elle reçut de lui cette réponse : «Quant à la douce éloquence de ses pulsations, elle est réservée au temps actuel afin qu'en les écoutant, le monde, déjà vieilli et engourdi dans son amour pour Dieu, puisse retrouver sa ferveur.»[24]

De même, au XVIIe siècle, sainte Marguerite-Marie, la visitandine de Paray-le-Monial (†1690), lors de la première apparition du Seigneur, un 27 décembre également, reçoit la grâce de reposer, comme le disciple bien-aimé, sur le divin Cœur de

Jésus si passionné d'amour pour les hommes et brûlant d'être aimé par eux. Mais son expérience diffère notablement de celle de sainte Gertrude. Tandis que celle-ci avait ressenti la douceur des pulsations du Cœur de Jésus, sainte Marguerite-Marie prend conscience de la douleur primordiale que cause au Seigneur la trahison de ses amis.[25]

Une mystique du XXe siècle, Adrienne von Speyr (†1967) décrit dans son *Journal*, à la date du 27 décembre 1963, l'expérience intime du disciple bien-aimé, lors de la dernière Cène, et la mission universelle qui en découle pour lui à l'égard de tous les hommes «qu'ils disent non, qu'ils soient tièdes ou qu'ils hésitent» :

> *Lorsqu'à la dernière Cène, il appuie la tête sur la poitrine de Jésus, Jean aime le Seigneur de l'amour limpide d'un saint et il se sent aimé d'amour divin. Il ne perçoit aucune distance entre les deux formes de l'amour; au contraire, il se sent lui-même, avec son propre amour, élevé jusque dans l'amour de Dieu. Par cette élévation, l'amour pour tous les hommes devient possible : c'est une qualité de l'affection qui fait éclater la relation personnelle, si intime soit-elle, et qui prépare pour tous une sorte de festin de l'amour. Qu'ils disent non, qu'ils soient tièdes ou qu'ils hésitent, tous sont emportés. D'une façon ou d'une autre, Jean sent leur présence et il lui faut, par un amour pur, non réfléchi, élevé, les prendre avec lui dans la confession que le Seigneur va instituer. Il doit les servir, les aider, par ce qui constituera l'essentiel de la confession : cette ouverture totale, cette ultime transparence, sans lesquels l'amour du Seigneur ne peut demeurer. Voilà pourquoi il perçoit qu'il doit assumer, dans sa propre transparence au Seigneur, tous les autres.*

Appuyant la tête sur sa poitrine, sans mot dire, il confesse au Seigneur qu'il veut bien l'aider à élever de l'amour humain à l'amour divin tous les hommes, même les plus tièdes, les plus lointains. Telle est la forme johannique de l'amour. Alors même qu'il ne doute pas d'être aimé comme un ami, d'avoir auprès du Seigneur une place de choix, Jean sait bien que les autres sont compris dans cet amour et que sa mission est de porter ce souci qui sera pour lui le motif le plus fort de rester auprès du Seigneur.

Aider ainsi à porter les autres et leur faute, c'est chez lui un acte très humble. Quelque chose qui va de soi, tout spontané. C'est un acte qui touche le Seigneur, qui touche aussi d'une certaine façon Jean lui-même : il est émerveillé de l'amour du Seigneur qui lui donne de pouvoir ainsi porter les autres. Car, en comprenant qu'il doit en porter le plus possible, il voit son rôle avec les yeux du Seigneur; celui-ci s'en réjouit et, à la croix, il n'oubliera pas que dans l'amour de Jean tous ceux qu'il doit racheter sont déjà inscrits.[26]

Au fil des siècles, l'attitude du disciple bien-aimé à la dernière Cène sert d'exemple et indique la condition intime pour découvrir le Cœur de Jésus et son mystère ouvert depuis sa Pâque.

5

« Un cœur blessé et entrouvert »

Jean *19*, 31-37

Jésus venait de mourir sur la croix.
31 Comme c'était le vendredi,
il ne fallait pas laisser les corps en croix durant le sabbat,
(d'autant plus que ce sabbat était le grand jour de la Pâque).
Aussi les Juifs demandèrent à Pilate qu'on enlève les corps
après leur avoir brisé les jambes.
32 Des soldats allèrent donc briser les jambes du premier,
puis du deuxième des condamnés que l'on avait crucifiés avec Jésus.
33 Quand ils arrivèrent à celui-ci,
voyant qu'il était déjà mort,
ils ne lui brisèrent pas les jambes,
34 mais un des soldats avec sa lance lui perça le côté,
et aussitôt, il en sortit du sang et de l'eau.
35 Celui qui a vu rend témoignage,
afin que vous croyiez vous aussi.
(Son témoignage est véridique,
et le Seigneur sait qu'il dit vrai.)
36 Tout cela est arrivé
afin que cette parole de l'Ecriture s'accomplisse :
Aucun de ses os ne sera brisé (Ex *12*, 46; Ps *33*, 21).
37 Et un autre passage dit encore :
Ils lèveront les yeux vers celui qu'ils ont transpercé (Za *12*, 10).

Certains connaissent peut-être le tableau où le peintre Matthias Grünewald a représenté la scène de l'Evangile de saint Jean *19*, 31-37.

Au milieu du tableau figure Jésus crucifié, entouré de Marie, sa mère, et de Jean, le disciple bien-aimé. Sur le côté, se dresse Jean Baptiste et son doigt pointé vers le Crucifié au Cœur transpercé, il désigne «l'Agneau de Dieu» (*1*, 36). Ces paroles que le Précurseur a prononcées au début de l'Evangile sont reproduites dans un coin du tableau. Comme le rappelle saint Jean en citant la prophétie de l'Ecriture : «Pas un os ne lui sera brisé» (Ex *12*, 46; Ps *34*, 21). Jésus en croix est l'Agneau de Dieu, immolé pour la Pâque nouvelle.

Aucun de ses os n'a été brisé, mais son Côté a été transpercé. Et de ce Côté ouvert, coulent le sang et l'eau. Comme le souligne le second texte de l'Ecriture cité par saint Jean, nous sommes invités à contempler le Transpercé : «Ils regarderont Celui qu'ils ont transpercé.» Ce verset chez saint Jean évoque tout l'oracle du prophète Zacharie (*12*, 10). Dans la vision du prophète, un innocent a été mis à mort à Jérusalem. Les habitants se lamentent sur la victime comme on pleure sur un premier-né. Israël fait pénitence. Et cette mort devient l'occasion d'une grâce de repentir et de pardon. Une source est ouverte pour laver le péché (Za *13*, 1); un esprit nouveau est répandu.

Avons-nous déjà contemplé Jésus en Croix et son Côté ouvert d'où coulent le sang et l'eau ? Quel regard avons-nous posé sur Lui ?

D'après ce passage de l'Evangile, il y a deux manières de regarder Jésus en Croix et de contempler son Cœur ouvert.

La première, celle des soldats romains. Comment en sont-ils venus à rencontrer Jésus en croix ? Rappelons-nous les événements. Il y a d'abord la démarche des Juifs auprès de Pilate. Elle procède d'un souci de pureté légale. Pour eux, le corps d'un supplicié doit être enlevé du bois où on l'a suspendu avant la nuit, surtout avant le début du sabbat qui cette année-là coïncidait avec celui de la Pâque. En effet, selon la Loi, un pendu est malédiction de Dieu, il souille la Terre Sainte (Dt *21*, 22). Puis vient la scène du brisement des jambes. Celui-ci avait pour but d'accélérer la mort des suppliciés et de permettre l'enlèvement de leur corps. «Or, arrivés à Jésus, les soldats le virent mort; ils ne lui brisèrent pas les jambes, mais l'un des soldats, de sa lance, lui perça le Côté.» Le coup de lance a été porté avec violence. Le récit de l'Evangile aurait pu s'arrêter ici. Comme les soldats, nous pouvons voir Jésus mort et vérifier, à la suite du coup de lance, son décès, dans la froideur et l'indifférence. Considérée dans sa matérialité, l'ouverture du Côté peut sembler un détail secondaire, sans signification particulière.

Mais il y a un autre regard que celui des soldats, le regard de Jean, le disciple bien-aimé, le croyant, le témoin. Pour lui, cette scène du Cœur transpercé n'est pas un détail secondaire, mais le point culminant de la Passion de Jésus. Le disciple bien-aimé ne se contente pas, comme les soldats, de constater la mort de Jésus, mais en contemplant son Côté transpercé et en voyant le sang et l'eau qui s'écoulent «aussitôt», il perçoit le sens de la mort de Jésus et sa fécondité rédemptrice. Le coup de lance n'a pas provoqué la mort mais a fait jaillir la Vie. «Celui qui a vu, dit-il, rend témoignage, afin que vous croyez, vous aussi.»

Le Côté transpercé de Jésus d'où coulent le sang et l'eau est un signe pour notre foi. Là où notre péché, notre refus d'aimer, a abondé, l'amour du Christ a surabondé. Le sang de son Cœur se répand parce que Jésus a donné sa vie : «Il m'a aimé et s'est livré pour moi» (Ga *2*, 20). L'eau sourd du Cœur de Jésus comme d'une source, parce qu'en mourant, il a répandu son Esprit (Jn *19*, 30). Au pied de la croix se réalise la promesse : «De mon Cœur, jailliront des fleuves d'eau vive» (Jn *7*, 38). Par le sang rédempteur de Jésus, nous est donnée l'eau de l'Esprit vivifiant[27].

Depuis toujours, le cœur est le symbole de l'amour. Mais, ici, le Cœur de Jésus a aimé jusqu'à en être blessé, ouvert. Suivant le texte de la Vulgate latine de saint Jérôme (†420), saint Augustin remarquait en commentant Jn *19*, 34 que «l'évangéliste a été attentif au choix du verbe. Il n'a pas dit : "il frappa"..., mais "il ouvrit"»[28].

De la contemplation de la plaie ouverte du Côté, nous passons à celle d'une blessure du Cœur même de Jésus, une blessure d'amour, comme en témoignent deux mystiques du Moyen Age. «Doux Agneau sans tache, demandait un jour sainte Catherine de Sienne (†1380), vous étiez mort quand votre côté fut ouvert, pourquoi donc avez-vous voulu que votre cœur fût ainsi blessé et entrouvert ?» Alors Jésus lui répondit : "J'avais plusieurs raisons, mais je vais te dire la principale. C'est que mon désir du genre humain était infini, alors que les tourments et les souffrances que j'endurais étaient finis. Je voulus donc, en vous montrant mon côté ouvert, que vous voyiez le secret de mon cœur, que je vous aimais beaucoup plus que je ne pouvais vous le montrer avec ma souffrance finie."»[29] «Son Cœur a été blessé, s'écriait saint Bonaventure (†1274), pour que, par cette blessure visible, nous voyions la blessure invisible de l'amour.»[30]

«Ils regarderont Celui qu'ils ont transpercé.» Depuis la Vierge Marie et saint Jean, de nombreux croyants ont contemplé le Cœur blessé et ouvert de Jésus. Voici le témoignage de deux contemporains : Charles de Foucauld (†1916) et Pierre Teilhard de Chardin (†1955).

Comme le montrent plusieurs photos, Frère Charles de Jésus portait sur sa bure blanche d'ermite, un grand insigne rouge : un Cœur surmonté de la Croix. La méditation qui suit indique la source de l'amour dont témoigna «le Frère universel» :

> *Que vous nous aimez, ô Cœur de Jésus! Il ne vous a pas suffi de contenir tous les hommes, tous ces hommes si ingrats, pendant toute votre vie, vous avez voulu encore leur être ouvert et être blessé pour eux après votre mort; vous avez voulu porter éternellement cette blessure comme signe de votre amour, comme signe que votre Cœur est toujours ouvert à tous les vivants, et toujours prêt à les recevoir, à leur pardonner, à les aimer. Par cette ouverture béante, vous appelez éternellement tous les hommes à croire à votre amour, à avoir confiance en lui, à venir à vous, si souillés qu'ils soient. A tous, tous, même aux plus indignes, votre cœur est ouvert; pour tous, tous, il a été percé! Vous aimez tous les vivants, vous les appelez tous à Vous, Vous leur offrez à tous le salut jusqu'à leur dernière heure, leur dernier instant. Voilà ce que vous nous dites, vous nous criez éternellement par cette bouche béante de votre Cœur, ô tendre Jésus!*[31]

Pour le jésuite Pierre Teilhard de Chardin, l'amour du Christ s'élargit aux dimensions du monde, dans un rayonnement de lumière et de feu[32]. Telle fut son expérience, un jour de 1916, lorsqu'entre deux attaques sur le front de Verdun, il se réfugie dans une chapelle et contemple «au milieu de la poitrine du Sauveur» «une mystérieuse tache pourpre-et-or», celle de son divin Cœur, «un foyer ardent» qui embrase le Monde[33].

Quand, il y a deux siècles, a commencé à se faire sentir, dans votre Eglise, l'attrait distinct de votre Cœur, il y a pu sembler que ce qui séduisait les âmes, c'était la découverte en Vous, d'un élément plus déterminé, plus circonscrit, que votre Humanité même. Or, voici que maintenant, renversement soudain! il devient évident que, par la «révélation» de votre Cœur, Vous avez surtout voulu, Jésus, fournir à notre amour le moyen d'échapper à ce qu'il y avait de trop étroit, de trop précis, de trop limité, dans l'image que nous nous faisions de Vous. Au centre de votre poitrine, je n'aperçois rien d'autre qu'une fournaise; et, plus je fixe ce foyer ardent, plus il me semble que, tout autour, les contours de votre Corps fondent, qu'ils s'agrandissent au-delà de toute mesure jusqu'à ce que je ne distingue plus en Vous d'autres traits que la figure d'un Monde enflammé.[34]

Le Cœur transpercé du Christ est le foyer d'où l'amour divin se répand comme un feu dans l'univers entier. Sa contemplation, loin d'enfermer le croyant en lui-même, est le lieu de la rencontre personnelle avec le Christ, un Christ agrandi aux dimensions du monde.

6

« Sang du Christ, enivre-moi. Eau du Côté du Christ, lave-moi »

Anima Christi

Ame du Christ, sanctifie-moi,
Corps du Christ, sauve-moi,
Sang du Christ, enivre-moi,
Eau du Côté du Christ, lave-moi,
Passion du Christ, fortifie-moi.

O bon Jésus, exauce-moi,
dans tes blessures, cache-moi.

Ne permets pas que je sois séparé de toi;
de l'ennemi, défends-moi,
à ma mort, appelle-moi,
ordonne-moi de venir à toi,
pour qu'avec tes saints je te loue,
dans les siècles des siècles.
Amen.

Comme on le sait, la prière *Anima Christi* existait avant saint Ignace de Loyola, mais on peut dire que celui-ci l'a faite sienne. Il a beaucoup contribué à la répandre et elle est mentionnée en de nombreux endroits des *Exercices Spirituels*.

Du point de vue formel, la prière se compose de treize stiques, de treize membres de phrase, brefs, balancés habituellement selon un rythme binaire : Toi-moi. Les cinq premiers stiques forment un groupe, unifié par le mot «Christ». Le deuxième groupe commence par l'invocation : «O bon Jésus...»

Dans le premier groupe, le priant invoque successivement l'âme, le corps, le sang, l'eau du côté et la Passion du Christ. A chacun de ces aspects du mystère christique, une action est rapportée : l'action de sanctifier, de sauver, d'enivrer, de laver, de fortifier. L'objet de cette action est toujours le même, c'est le «moi» de celui qui prie.

«Ame du Christ..., Corps du Christ...» : la prière se tourne directement vers l'Humanité du Christ. L'âme et le corps sont les deux éléments constitutifs de cette humanité. On ne s'adresse pas immédiatement au Christ, mais à l'âme, puis au corps, du Christ. Le Christ, c'est le Messie, l'Oint, Celui qui reçu l'onction du Saint-Esprit et qui est comblé de la grâce filiale, parce qu'Il est le Fils unique et éternel de Dieu. S'adresser à son âme et à son corps, c'est faire mémoire de l'Incarnation, dans laquelle ce Fils unique et éternel s'est fait homme, a pris une âme et un corps, afin de nous sauver. La sainte humanité, l'âme et le corps, sont l'instrument de notre salut. L'âme est invoquée en premier lieu : en elle réside la plénitude de la grâce et de la sainteté – sainteté à laquelle nous pouvons avoir part : «sanctifie-moi». Mais cette sainteté ne nous est appliquée que par le corps, par le toucher du corps : «Corps du Christ, sauve-moi». «Sauve-moi» : c'est par ses souffrances et par sa mort que le Christ, en son corps, nous a sauvés.

Les trois stiques suivants invoquent clairement la Passion : «Sang du Christ, Eau du Côté du Christ, Passion du Christ».

La Passion de Jésus est la source du salut, la source de la grâce et de la force de faire et de souffrir quelque chose pour le Christ, qui a tant fait et tant souffert pour moi. Mais les fruits de la Passion nous sont donnés dans les sacrements, prolongements de l'Incarnation. Dans l'Eucharistie, principalement : «Sang du Christ, enivre-moi», et fondamentalement, dans le Baptême : «Eau du côté du Christ, lave-moi».

Incarnation, Passion, Eucharistie sont au centre de ce qu'on pourrait appeler la première strophe de la prière. S'adresser à l'âme, au corps, au sang, à l'eau, à la Passion du Christ, plutôt qu'au Christ lui-même, c'est accepter les médiations qu'Il a prises pour venir à nous : son âme, son corps, ses mystères. C'est s'adresser aux moyens de salut – à ses instruments, si l'on peut dire – que le Seigneur éternel a voulu prendre pour nous sauver.

Dans la deuxième strophe de l'*Anima Christi*, celui qui prie s'adresse directement à la personne de Jésus : «O bon Jésus». L'on voit Jésus rayonnant de son attribut essentiel : la bonté. La demande semble tout à fait générale : «Exauce-moi». Mais elle se précise tout de suite. La grâce par excellence, la seule qui importe finalement, c'est «que je (ne) sois séparé de Toi». Cette grâce est exactement au centre de la deuxième strophe, si l'on remarque que les quatre derniers stiques forment un tout et n'expriment en somme qu'une seule demande concernant «ma mort».

«Dans tes blessures, cache-moi» : c'est la première précision de l'exaucement attendu de la bonté de Jésus. Il s'agit de toute évidence des blessures qui demeurent dans le corps du Ressuscité, puisqu'elles m'offrent aujourd'hui une demeure. L'humanité du Christ est le séjour de l'homme, son lieu. Les plaies des mains, des pieds, du côté, sont une habitation protectrice. Elles se sont ouvertes par amour et elles nous sont lieu de repos, de sécurité, de cachette : «cache-moi». Il y a en effet des ennemis. La citadelle est sûre, mais il y a un combat à mener.

Après la demande essentielle : «Ne permets pas que je sois séparé de toi», et répondant au «cache-moi», nous trouvons : «De l'ennemi, défends-moi». Il s'agit ici de «l'ennemi de la nature humaine». Le Christ qui nous défend est plus fort que lui et il ne peut rien contre nous, si nous demeurons dans le Christ.

«Le dernier ennemi, c'est la mort» (1 Co *15*, 26). Il est vaincu lorsque celui qui meurt répond à un appel, obéit à un ordre : «A ma mort, appelle-moi, ordonne-moi de venir à toi.» La mort conduit alors à la louange avec les saints dans les siècles des siècles. Amen. L'homme atteint sa fin.

La prière est totalement construite sur la relation Toi-moi, mais elle s'achève dans la communion avec tous les saints. Elle englobe le temps du maintenant de celui qui prie jusqu'à sa mort et elle mène au-delà, dans l'éternité, dans les siècles des siècles. Le moi de celui qui prie, qui, dans la première strophe, était seulement objet de la grâce et de la miséricorde, devient, dans la deuxième strophe, sujet de verbes : ne pas être séparé de toi, venir à toi, te louer. Il prend consistance et devient vraiment sujet : quelqu'un devant toi, par toi, pour toi.

Comme nous avons pu le voir, l'*Anima Christi* rend présent tout le mystère du Christ : Incarnation, Passion, Résurrection, Baptême, Eucharistie (et plus largement les sacrements).

Dans le château fort de son éternité, dans sa lumière inaccessible, Dieu était inattaquable, les flèches du péché rejaillissaient comme des traits d'enfant sur l'airain de sa majesté souveraine. Mais Dieu dans le frêle abri d'un cœur : comme il est facile maintenant à atteindre! Comme il est vite blessé!

...Un cœur : quelle cible de choix! quelle tentation! Presque inconsciem-ment le canon de fusil se dirige de ce côté. Quelle nudité Dieu ne s'est-il pas donnée, quelle folie n'a-t-il pas commise! Lui-même a trahi le point faible de son amour; à peine le bruit s'est-il répandu que Dieu séjourne parmi nous dans un cœur humain, que chacun appointe ses flèches et met à l'épreuve son arc. Une pluie, une grêle s'abattra sur lui, des millions de projectiles vole-ront vers le petit point rouge.[35]

7

« Que mon doute soit la route
M'ouvrant la plaie jusqu'à ce cœur »

Jean 20, 24-29

24 L'un des Douze, Thomas
(dont le nom signifie : «Jumeau»)
n'était pas avec eux, quand Jésus était venu.
25 Les autres disciples lui disaient :
«Nous avons vu le Seigneur!»
Mais il leur déclara :
«Si je ne vois pas dans ses mains la marque des clous,
si je ne mets pas mon doigt à l'endroit des clous,
si je ne mets la main dans son côté,
non, je ne croirai pas.»
26 Huit jours plus tard,
les disciples se trouvaient de nouveau dans la maison,
et Thomas était avec eux.
Jésus vient
alors que les portes étaient verrouillées,
et il était là au milieu d'eux.
Il dit :
«La paix soit avec vous!»
27 Puis il dit à Thomas :
«Avance ton doigt ici, et vois mes mains;
avance ta main, et mets-la dans mon côté :
cesse d'être incrédule,
sois croyant.»
28 Thomas lui dit alors :
«Mon Seigneur et mon Dieu!»
29 Jésus lui dit :
«Parce que tu m'as vu, tu crois.
Heureux ceux qui croient sans avoir vu.»

«Ils regarderont Celui qu'ils ont transpercé» (Jn *19*, 37). Après saint Jean qui, le Vendredi Saint, se trouvait au pied de la Croix avec la Vierge Marie, ce sont les autres apôtres qui, les premiers, contemplèrent le soir de Pâques, «les mains et le côté» de Jésus ressuscité (*20*, 20) et, huit jours plus tard, ce fut le tour de l'apôtre Thomas d'entrer dans cette contemplation (*20*, 25-27).

Nous allons, ici, méditer l'histoire de Thomas, l'incrédule, et grâce à lui, découvrir Jésus vivant et son Cœur transpercé qui est le signe de son amour pour nous.

Le Christ ressuscité est apparu à ses apôtres réunis au Cénacle, le soir de Pâques. Il leur a montré ses mains et son Côté transpercé. Encore tremblant de peur, les disciples furent remplis de joie et de paix à la vue du Seigneur vivant.

Mais, ce soir-là, Thomas était absent. Mis au courant par ses compagnons de la bonne nouvelle, l'apôtre refuse de croire et, visiblement agacé, pose ses conditions : «Si je ne vois pas dans ses mains la marque des clous, si je ne mets pas mon doigt à l'endroit des clous, et si je ne mets pas la main dans son côté, non, je ne croirai pas» (*20*, 25). Pour croire, Thomas a besoin non seulement de voir, mais de toucher Jésus vivant et ses blessures.

Dans nos assemblées, il y a sans doute toujours quelques Thomas... Ils viennent voir, ils ont besoin de sentir quelque chose de Jésus vivant pour croire. Ils sont tentés de penser : «ce que je ne vois pas, ce que je ne touche pas, n'est pas digne de foi, n'existe pas». En chacun de nous d'ailleurs, sommeille un Thomas, avec ses doutes et sa dose de scepticisme.

Comment Thomas est-il sorti de son doute, de son incrédulité ?

Huit jours après sa première apparition aux apôtres, Jésus ressuscité vient de nouveau au milieu d'eux et leur donne sa paix. Les portes du Cénacle sont demeurées closes car les apôtres ont toujours peur des Juifs.

Montrant ses blessures aux mains et au côté, Jésus ressuscité s'adresse à Thomas, l'incrédule : «Porte ton doigt ici : et vois mes mains; avance ta main, et mets-la dans mon Côté, cesse d'être incrédule mais sois croyant» (*20*, 27).

L'apôtre voit Jésus vivant. Il ne touche pas ses plaies comme il l'avait exigé. Il confesse sa foi : «Mon Seigneur et mon Dieu !» (*20*, 28). Quelle belle confession de foi : c'est un cri de tendresse : «*Mon* Seigneur et *mon* Dieu!»

Que s'est-il passé chez Thomas ? Il a vu Jésus vivant avec ses blessures aux mains, au cœur. Les plaies n'étaient pas seulement les marques qui permettaient d'identifier le Crucifié; elles devenaient pour Thomas les signes de l'amour de Jésus pour lui. «Il m'a aimé et s'est livré pour moi» (Ga *2*, 20). C'est ainsi que Thomas fut guéri de son incrédulité. Comme dit l'Ecriture, «c'est par ses plaies que nous sommes guéris» (Is *53*, 5; 1 P *2*, 25). «Les traces des clous et de la lance furent maintenues, remarque saint Léon (†461), pour guérir les blessures des cœurs incrédules»[36]. Et saint Grégoire le Grand (†604) d'ajouter : «(Thomas), parce qu'il doutait, toucha les cicatrices du Crucifié, et guérit ainsi, d'avance, le doute qui pourrait aujourd'hui blesser nos cœurs.»[37] Sommes-nous conscients de la puissance de guérison cachée dans les plaies du Seigneur glorifié ?

Un bref poème de Pierre Emmanuel intitulé «Thomas»[38] reprend le cheminement de l'apôtre. Souvent, Thomas est présenté comme celui qui doute, mais n'oublions pas que, finalement, il a confessé sa foi.

Or Thomas qu'on nommait Didyme
Etait absent quand vint Jésus
Ses amis eurent beau lui dire
Réjouis-toi ! Nous l'avons vu

Si je ne vois le trou des clous
Si je n'y mets les doigts
Si je ne sens son cœur au bout
Non je n'y croirai pas

Thomas donne ta main ici
Sens-tu mon cœur dedans
Toute ma vie je veux ainsi
Tenir ce cœur battant

Thomas patron de ceux qui doutent
Ta lampe est le cœur du Seigneur
Fais que mon doute soit la route
M'ouvrant la plaie jusqu'à ce cœur.

Après la confession de Thomas, Jésus ressuscité énonce une béatitude : «Bienheureux ceux qui n'ont pas vu et qui ont cru» (*20*, 29). Mais alors, direz-vous, comment peuvent-ils croire ceux qui n'ont pas vu ? Comme l'indique saint Jean, c'est grâce au témoignage des premiers disciples de Jésus qui a été recueilli et transmis dans l'Evangile qu'il est donné de croire en Jésus Christ.

L'Evangile nous invite à poser un acte de foi. Oui, Jésus est ressuscité d'entre les morts, il est vivant et il nous montre son Cœur ouvert. Comme l'apôtre Thomas, disons avec confiance : «Mon Seigneur et mon Dieu!»

Jésus nous a tous et chacun connus et aimés durant sa vie, son agonie et sa passion et Il s'est livré pour chacun de nous : "Le Fils de Dieu m'a aimé et s'est livré pour moi" (Ga 2, 20). Il nous a tous aimés d'un cœur humain. Pour cette raison, le Cœur sacré de Jésus, transpercé par nos péchés et pour notre salut, est considéré comme le signe et le symbole éminents de cet amour que le divin Rédempteur porte sans cesse au Père éternel et à tous les hommes sans exception.[39]

« Il aime et n'est point aimé »

Celui qui contemple le Cœur du Christ, découvre son amour rédempteur. Comme saint Paul, il peut déclarer : «Il m'a aimé et s'est livré pour moi» (Ga *2*, 20). Par le fait même, il est convié à répondre à l'amour du Christ : «Qu'aimons-nous dans le Christ ? Ses membres crucifiés, son côté percé ou sa charité ? Lorsque nous entendons qu'il a souffert pour nous, qu'aimons-nous en lui ? C'est son amour que nous aimons. Il nous a aimés pour que nous lui rendions amour pour amour et, pour que nous puissions lui rendre amour pour amour, il nous a visités par son Esprit.»[40]

Depuis les révélations du Seigneur à sainte Marguerite-Marie à Paray-le-Monial, cette réponse d'amour a reçu une note particulière, la réparation. En effet, «depuis trois siècles, la pointe spécifique de la dévotion au Sacré-Cœur de Jésus, c'est le désir de rendre amour pour amour à l'amour rédempteur bafoué et méprisé par ceux-là mêmes qui auraient dû davantage l'aimer. Car le drame secret de ce Cœur, saint Jean l'affirme (Jn *13*, 25-26), c'est la trahison de l'ami (Ps *40*, 10; *54*, 14-15) dont Jésus porta la blessure toute sa vie depuis le commencement (Jn *6*, 64)»[41]. Saint Claude La Colombière (†1682), guide spirituel de sainte Marguerite-Marie, s'écriait déjà : «Il aime, et n'est point aimé… je vous offre mon cœur, je me donne tout entier à vous!»[42]

Cette réponse d'amour s'est au fil des siècles exprimée dans un «acte de *consécration*» au Cœur de Jésus. Voici, par exemple, celui que le Cardinal Danneels a proposé à des familles, lors d'une récollection à la Pentecôte 1987 :

Seigneur Jésus,
par amour pour nous,
Tu n'as pas hésité

à donner ta vie
pour nous et pour tous les hommes.

De ton côté ouvert,
transpercé
sur la Croix,
ont coulé l'eau et le sang.

Regarde ta famille
réunie devant toi.
Tu l'as sauvée
par l'eau du baptême;
Tu l'as nourrie de ton corps
et de ton sang
dans l'eucharistie.

Consacre-nous à ton divin Cœur,
– nous tous, parents et enfants.
Nous sommes à toi
aujourd'hui et pour toujours.

Transforme notre pauvre amour
et rends-le plus fort
que la mort.
Fais de nous
une famille où l'on s'aime,
un couple uni,
un lieu de générosité
et d'ouverture à d'autres
qui souffrent dans leur vie de famille.
Fais de notre foyer
un lieu saint
d'adoration et d'action de grâce,
de pardon et de paix.

Attire à Toi et à ton Cœur
l'humanité entière
et fais-en une seule famille
par la puissance de l'Esprit Saint,
par l'amour de ton Cœur,
à la gloire de Dieu le Père. Amen.

Et toi, ami lecteur, si au cours de ces pages, l'amour du Christ a touché, ému, blessé ton propre cœur, quelle sera ta réponse ?

L'Apostolat de la Prière

Désigné d'abord par le mot «Apostolat», ce mouvement est animé par un souffle apostolique et missionnaire. Pour atteindre son but, il a choisi le chemin de «la prière». Apostolat de la prière : apostolat «par» la prière. Mais quelle prière ? Plus de cent cinquante ans après sa fondation, l'histoire de ce mouvement révèle son actualité.

Le berceau français

C'est au XVIIe siècle, à Paray-le-Monial, en Bourgogne, que la Compagnie de Jésus, tout comme la Visitation, fondée par sainte Jeanne de Chantal et saint François de Sales, ont reçu la mission de propager la dévotion au Cœur du Christ : «S'il est donné aux Filles de la Visitation de connaître (ce précieux trésor) et de le distribuer aux autres, il est réservé aux Pères de (la) Compagnie d'en faire voir et connaître l'utilité et la valeur afin qu'on en profite, en le recevant avec le respect et la reconnaissance dus à un si grand bienfait.»[43] Ce fut l'objet de la dernière apparition que le Seigneur accorda à sainte Marguerite-Marie, le 2 juillet 1688. Mais ce n'est que deux cents ans plus tard que la Compagnie, qui avait connu les vicissitudes de la suppression (1773-1814), accepta officiellement – lors de la 23e Congrégation générale de 1883 – cette «tâche très douce» (*munus suavissimum*) confiée par le Seigneur.

Une année plus tard, mourait le Père Henri Ramière. Ce jésuite français a rempli de manière remarquable cette mission en organisant l'*Apostolat de la Prière*. A sa mort, cette «internationale» de la prière apostolique comptait déjà trente-cinq mille centres avec treize millions de membres et quatorze *Messagers du Sacré-Cœur* édités en diverses langues. Le Père

François-Xavier Gautrelet en avait lancé l'idée quarante ans plus tôt, le 3 décembre 1844, lors de la fête de saint François-Xavier, patron des missions, en donnant une conférence à des étudiants jésuites à Vals-près-le-Puy, en France : «Soyez déjà missionnaires par votre prière, par l'offrande de votre vie quotidienne, leur disait-il. Priez pour les hommes que vous rencontrerez demain. Tout homme est sauveur avec Jésus Sauveur.» Ce Père spirituel voulait ainsi canaliser les énergies apostoliques de ses jeunes confrères mis à l'épreuve par une longue formation.

La spiritualité du Cœur du Christ

Depuis la 26e Congrégation générale de 1915, la Compagnie allie sa mission à l'égard du Cœur du Christ au développement de l'*Apostolat de la Prière*. «Enseignés par l'expérience que, pour promouvoir ce culte (au Sacré-Cœur) l'*Apostolat de la Prière* est indiqué par dessus tout, au début de ce second siècle qui suit le rétablissement de la Compagnie, nous confirmons de nouveau cette ardente adhésion de la Compagnie au Sacré-Cœur de Jésus, et voulons réellement qu'à tous les jésuites, et en particulier à leurs Supérieurs, on recommande de promouvoir autant qu'ils le peuvent et de travailler à élargir cette pieuse Association du Cœur de Jésus.»[44] Divers papes ont encouragé cette orientation. C'est ainsi que Jean-Paul II, lors de son pèlerinage à Paray-le-Monial en 1986, confirme la Compagnie dans sa mission de diffuser la spiritualité du Cœur du Christ. Il l'invite «à trouver les moyens les plus adaptés de présenter (cette spiritualité) afin que l'homme aujourd'hui, avec sa mentalité et sa sensibilité propres, y découvre la vraie réponse à ses interrogations et à ses attentes»[45]. Un an auparavant, il l'avait confirmée aussi dans le moyen privilégié qu'elle avait choisi pour accomplir cette mission, l'*Apostolat de la Prière.* «Je remets cette pieuse association universelle entre vos mains, déclarait-il en 1985 aux congressistes de Rome, comme un trésor précieux du cœur du Pape et du cœur du Christ»[46].

Aujourd'hui, avec quarante millions d'adhérents, ce mouvement de prière apostolique a atteint les cinq continents et plus de quatre-vingts pays[47].

S'offrir avec le Christ

Les membres de l'*Apostolat de la Prière* commencent leur journée en offrant à Dieu leurs joies et leurs peines, leur travail et leurs souffrances. Dans la puissance de l'Esprit, ils unissent leur offrande à celle du Christ qui, dans l'Eucharistie, s'offre totalement pour le salut du monde. Leur offrande est une réponse d'amour à Celui dont le Cœur transpercé sur la croix révèle l'amour infini de Dieu, souvent méconnu et refusé.

Marie est aussi présente à leur prière : elle est la Vierge qui a dit le «oui» total à Dieu et la Mère qui intercède auprès de son Fils en faveur de ses enfants. Leur prière qui se veut apostolique et missionnaire s'élargit aux dimensions du monde, en particulier grâce aux grandes intentions que le Pape, pasteur universel de l'Eglise, recommande à l'offrande de chaque jour. Ainsi, chaque membre est invité à s'unir au Christ et à collaborer avec lui dans l'œuvre de la Rédemption du monde.

En diffusant aujourd'hui cette spiritualité de l'offrande au cœur de tous ceux qui désirent prier, l'Apostolat de la Prière prend une part significative à «la nouvelle évangélisation», centrée sur la révélation de l'amour du Christ et la réponse du cœur de l'homme.

L'Apostolat de la Prière *cherche à former des chrétiens façonnés par l'Eucharistie, dévoués au Cœur du Christ par l'offrande quotidienne et la prière aux intentions de l'Eglise, et engagés dans le service apostolique. La Compagnie soutient et promeut ce service pastoral que lui a confié le Saint-Père, comme aussi le Mouvement Eucharistique des Jeunes.*[48]

Notes

1. JEAN-PAUL II, *Redemptor hominis*, 1979, n° 8
2. ORIGÈNE, *Commentaire sur l'Evangile de Jean I*, § 22.
3. Le sein (Jn *7*, 38; *13*, 23); la poitrine (Jn *13*, 25; *21*, 10), le côté (Jn *19*, 34; *20*, 20.25.27).
4. St AUGUSTIN, *Lettre* 140, XIV, 36.
5. *Catéchisme de l'Eglise Catholique,* 1992, n° 112; cfr aussi E. GLOTIN, *Le Cœur de Jésus*, 1997, p.88-92.
6. St GRÉGOIRE LE GRAND, *Homélies sur Ezéchiel*, I, VII, 8.
7. P. ARRUPE, *Ecrits pour évangéliser*, 1985, p. 508. Cfr aussi Ste Marguerite-Marie, *Vie et œuvres*, 1990, t.I, p. 322 : «(Le Seigneur) veut tout par amour et rien par la force».
8. Autres témoignages dans E. GLOTIN, DANIEL-ANGE, S. ROUGIER, *J'entends battre ton Cœur*, 1985.
9. P.H. KOLVENBACH, *Une mission agréable* (*Munus suavissimum*), Paray-le-Monial, 2 juillet 1988, Rome, 1988; cfr aussi D. DIDEBERG, «La Compagnie de Jésus et le Cœur du Christ, Actualité de la mission de 1688», *Prier et Servir*, janv.-mars 1989, n° 1, p.19-44.
10. *Normes Complémentaires des Constitutions de la Compagnie de Jésus*, 1997, n° 276 §1, p. 431.
11. St FRANÇOIS DE SALES, *Introduction à la vie dévote*, 3e partie, ch. VIII.
12. St FRANÇOIS DE SALES, *Lettre* du 28 juin 1605 à Madame de Limojon.
13. Ste THÉRÈSE DE LISIEUX, *Derniers entretiens*, 1971, p. 207.
14. V. HUBY, S.J. (†1693), *Pratique de l'amour de Dieu et de N.S. Jésus-Christ*, 1931, p. 16-17. A Vannes, en Bretagne, il fonda le premier Centre Spirituel ignatien.
15. Julien GREEN, *Partir avant le jour*, 1963, p. 64 et ss.
16. Poème du Père Joseph DOUCET, S.J. (1912-1992).

17. St AMBROISE, *Explications sur les Psaumes*, I, 33.
18. *Canisii Epistulae*, 1896, t. I, p. 54 et ss. Nous utilisons la traduction de J. BRODRICK, *Saint Pierre Canisius*, 1956, t. I, p. 163 et ss.
19. J. DANIÉLOU, *Carnets Spirituels*, 1993, p. 405; cfr M.J. RONDEAU, «Une note trouvée dans un bréviaire du Père Daniélou», *Bulletin des Amis du cardinal Daniélou*, 1, 1975, p.25-30.
20. Variante, pour le stique 10, de la prière de l'*Anima Christi* (cfr *infra* p. 65). Certains ont rapproché cette invocation de l'attitude de saint Jean, à la dernière Cène, (cfr le thème iconographique du *Johannesminne*, «l'amitié de Jean») et de l'expérience mystique que saint Ignace de Loyola fit, en 1537, à la chapelle de la Storta, près de Rome, «le jour où le Père (le) mit avec son Fils» (*Journal Spirituel*, le 23.02.1544, 1956, p. 70).
21. A. JAUBERT, *Approches de l'Evangile de Jean*, 1976, p. 43.45.
22. Cfr D. DIDEBERG, «Saint Jean, le disciple bien-aimé, révélateur des secrets du Verbe de Dieu», dans A.M. LA BONNARDIÈRE, *Saint Augustin et la Bible*, 1986, p. 189-201.
23. St AUGUSTIN, *Sermons*, 34,1.
24. Ste GERTRUDE D'HELFTA, *Le héraut de l'Amour divin* IV, 4, 3-4.
25. Ste MARGUERITE-MARIE, Lettres 96 et 133, *Vie et œuvres* t. 2, p. 323 et 477; cfr aussi E. GLOTIN, «Un jour de Saint Jean l'Evangéliste. Les différents récits d'une même apparition» dans R. DARRICAU, *Sainte Marguerite-Marie et le Message de Paray-le-Monial*, 1993, p. 211-267.
26. A. VON SPEYR, *Nachlaßbände*, t. X, (2321). Mariée, médecin, protestante devenue catholique, A. von Speyr fonda à Bâle, avec le Père H.U. von Balthasar, son guide spirituel, l'Institut Saint-Jean.
27. Nous ne pouvons développer ici l'interprétation ecclésiale et sacramentelle que les Pères de l'Eglise ont donnée de Jn *19*, 34 : du Côté ouvert du Christ, endormi sur la Croix, est née et grandit l'Eglise, nouvelle Eve, grâce à l'eau du Baptême et au sang de l'Eucharistie, jaillis du Cœur transpercé. Cfr Vatican II, *Const. sur la Liturgie* 5 et *Const. sur l'Eglise* 3. L'interprétation sacramentelle est sous-jacente au commentaire de la prière de l'*Anima Christi* (cfr p. 70), ainsi qu'à l'acte de consécration au Cœur de Jésus, composé par le Cardinal Danneels (cfr p. 91).
28. St AUGUSTIN, *Homélies sur l'Evangile de Jean*, 120, 19, 2.
29. Ste CATHERINE DE SIENNE, *Le livre des Dialogues*, ch. 75.
30. St BONAVENTURE, *La Vigne mystique*, ch. 3, 5.
31. CHARLES DE JÉSUS, *Nouveaux écrits spirituels*, 1950, p.199.
32. Cette vision teilhardienne a inspiré probablement Luc Barbier qui, en 1965, peignit la fresque de la chapelle de la Visitation à Paray-le-Monial.

33. P. TEILHARD DE CHARDIN, «Le Cœur de la Matière» (1950), dans *Œuvres* t.13, 1976, p. 53-55.

34. P. TEILHARD DE CHARDIN, «La Messe sur le Monde» (1923), dans *Hymne de l'Univers*, 1961, p.33-34.

35. H.U. VON BALTHASAR, *Le Cœur du Monde*, Paris, 1956, p.43-44.

36. St LÉON, *Sermon pour l'Ascension*, I, 3.

37. St GRÉGOIRE LE GRAND, *Homélies sur les Evangiles*, 29, 1.

38. P. EMMANUEL, *Evangéliaire*, 1961, p. 225.

39. *Catéchisme de l'Eglise Catholique*, 1992, n° 478; cfr aussi E. GLOTIN, *Le Cœur de Jésus*, 1997, p. 105-109.

40. St AUGUSTIN, *Homélies sur les Psaumes* 127, 8.

41. E. GLOTIN, «Le signe de la nouvelle évangélisation : le Cœur de Jésus», *Feu et Lumière*, juin 1989, p.16.

42. Cl. LA COLOMBIÈRE, *Ecrits spirituels*, 1962, p.173.

43. Ste MARGUERITE-MARIE, *Vie et œuvres*, t.2, 1991, p. 305 : Lettre 90 (juillet 1688) à la Mère Saumaise.

44. *Decreta 26[ae] Congregationis generalis*, 1915, p. 35-36.

45. JEAN-PAUL II, Lettre au R.P. P.H. Kolvenbach (5 octobre 1986), *Acta Romana S.J.*, XIX, (1986), p. 422.

46. JEAN-PAUL II, Discours aux secrétaires nationaux de l'*Apostolat de la Prière* (13 avril 1985), *Acta Romana S.J.* XIX, (1985), p. 208.

47. Ch. DELHEZ, *L'Apostolat de la Prière. Une prière pour le monde*, Fidélité, 1993.

48. *Décrets de la 34e Congrégation Générale*, 1995, d.13, n° 351.

Quelques ouvrages récents sur le Cœur du Christ

P. Arrupe, *Comme je vous ai aimés. Choix de textes sur le Cœur du Christ.* Namur, Editions Fidélité, 1986.

J. Delaporte, *Cœur du Christ, icône de Dieu.* Paris, Bayard Editions/ Centurion, 1998.

B. de Margerie, *Histoire doctrinale du culte au Cœur du Christ.* Tome I, Paris, Mame, 1992; Tome II, Paris, Editions Saint-Paul, 1995.

P. de Meester, *Redécouvrir le Sacré-Cœur.* Paris, Médiaspaul, 1996.

Ph. Ferlay, *Cœur du Christ, mystère de Dieu.* Paris, Médiaspaul, 1995.

B. Häring - A. Garnier, *Ce Cœur d'où jaillit l'amour.* Paris, Editions Saint-Paul, 1989.

E. Glotin, *Le Cœur du Christ. Approches anciennes et nouvelles.* Namur, Vie consacrée, 1997.

E. Glotin, avec la collaboration de C. Bied-Charreton, *Prier à Paray-le-Monial avec Marguerite-Marie et Claude La Colombière.* Paris, Desclée de Brouwer, 1996.

Table des illustrations

Table des matières

Achevé d'imprimer le 15 avril 1999
sur les presses de l'Imprimerie Bietlot, à Gilly (Belgique).